Heidis Gugelhopf

für Manuela

26./28.8.07 T.T.

Heidis Gugelhopf

**Backrezepte aus
Johanna Spyris Elternhaus**

Herausgegeben von Silvia Bryner und Irène Meier
Einleitung: Regine Schindler

WERDVERLAG

Dieses Buch wurde herausgegeben in Zusammenarbeit
mit dem Johanna Spyri-Archiv, Zürich

Die Bilder auf den Seiten 5, 12l., 13, 16/17 und das Kochbüchlein
aus dem Nachlass von Johanna Spyri, dem die Faksimile-Repro-
duktionen entnommen wurden, stammen aus dem Johanna Spyri-
Archiv, Zürich. Das Bild auf Seite 12r. ist im Besitz der Museums-
Stiftung, Hirzel.

Die Originale der «Heidi»-Aquarelle von Martha Pfannenschmid
(Umschlag und Seite 20f.) befinden sich in der Öffentlichen
Bibliothek der Universität Basel (Copyright: GGG Gesellschaft für
das Gute und Gemeinnützige, Basel).

Die Zitate auf Seite 20f. stammen aus Johanna Spyri, «Heidi. Lehr-
und Wanderjahre», Neuausgabe Werd Verlag, Zürich 2001.

Transkription handschriftliche Rezepte:
Johanna Spyri-Archiv, Zürich
Rezeptredaktion: Silvia Bryner, Olten
Buchkonzept und Styling: Irène Meier, Zürich
Fotos: Gerlind Reichardt
Lektorat: Pia Messerli, Bern
Umschlag und Gestaltung:
Buch & Grafik, Barbara Willi-Halter, Zürich
Satz und Produktion: Brigitte Haus

ISBN 3-85932-354-7
www.werdverlag.ch

Johanna Spyri (1827–1901) mit ihrem einzigen Kind, dem Söhnchen Bernhard Diethelm. 1856. Sie wohnte damals am Hirschengraben 10 in Zürich, einem Haus, das heute nicht mehr steht.

Inhalt

Inhalt

Johanna Spyri als Bäckerin?

Einen Gugelhopf? Gerne würden wir ihn Heidi nachträglich hin
stellen, auch wenn Frau Spyri in ihrem berühmten Buch kein
Wort davon verlauten lässt. Den Gugelhopf: Nicht nur backen
würden wir ihn, sondern um den Geburtstagskuchen in einem
riesigen Kreis auch 121 Kerzen stellen. Vor 121 Jahren erblickte
Heidi das Licht der Welt, in jenem Buch, das von Johanna Spyri
in wenigen Wochen hingeschrieben wurde und sofort ein Erfolg

Vom Kochen der Heidi-Autorin

war. Heute lebt Heidi weiter, nicht nur in einem einzelnen Buch,
nein, in Millionen von Heidi-Büchern aller Sprachen. Viele
Heidis gibt es also, im Film, in unseren Köpfen, in lebendigen
Kindern, die den Namen Heidi tragen – ein Name übrigens, der
sich auch in der Schweiz erst durch Johanna Spyris Buch ver-
breitete und damals neu, modern und heiter wirkte. Heidis
Gugelhopf, wie er in der Familie Heusser, aus der Johanna Spyri
stammte, gegessen wurde, könnte darum heute für viele Heidis
gebacken werden, als Erinnerung an jenes Bergkind, das keinen
Gugelhopf bekommen hat, aber auch an seine geistige Mutter,
die vermutlich nie einen Gugelhopf gebacken hat!

Frau Spyri hatte ihre Lina, ihr Vreneli, treue Gehilfinnen. Und
da gab es neben Köchinnen und «Dienstmädchen» die vielen
alten und jungen Tanten, die nicht nur dafür sorgten, dass die
Kinder vor dem Essen ihre Hände wuschen, die nicht nur im
Stillen das Loch im Sonntagskleidchen stopften, sondern einfach
immer Zeit hatten – auch zum Backen. Johannas jüngste Schwester, nach der Mutter Meta, also Margaretha, genannt, blieb unverheiratet. Sie wurde von ihrer Mutter «ein gewissenhaftes Hausmütterchen» genannt. Dass sie sich über diese Rolle freute, ist
eher zu bezweifeln. Das Backen hatte sie vermutlich ihrerseits
nicht von der dichtenden Mutter Meta Heusser-Schweizer, sondern von «der Tante», Mutters Schwester Regula, gelernt, die für
die praktischen Belange im Haus zuständig war. Vermutlich
beugten sich Nichte Meta und Tante Regeli gemeinsam über ein
handgeschriebenes Kochbuch und überlegten, was den Gästen
vorzusetzen sei. In ihrem winzig kleinen Tagebuch hält die junge

Meta fest, dass nach schönen Sonntagen in froher Gesellschaft, vor allem nach gemeinsamem Gesang, «Schokoladenbiscuits mit Wein» gereicht wurden. In der Fastenzeit notiert sie das Backen von «Kümmiwehen», flachen Kümmelkuchen. Mit besonderem Stolz vermerkt sie aber, dass sie für den jungen Adolf Zahn, der aus Deutschland zu Besuch war, «Arme Ritter» zubereitet – in Milch und Ei gewendete und dann gebratene Brotscheiben, in der Schweiz «Fotzelschnitten» genannt. Sie ist glücklich über den eindeutigen Erfolg dieses Gerichts. Offensichtlich hat sie sich in den jungen Pfarrer, der bald darauf nach Halle reisen und berühmt werden wird, verliebt und bedauert sein Entschwinden zutiefst. Immerhin: Sie hat für ihn gekocht und gebacken, so gut sie konnte – nach dem Motto «Liebe geht durch den Magen».

Ob dagegen im städtisch-herrschaftlichen Hause der Familie Meyer-Ulrich, aus dem Conrad Ferdinand Meyer stammte, Tochter Betsy backen lernte, ist fraglich. Diese Betsy, eine gute Freundin Johanna Spyris, lernte in Genf Französisch, wurde in einen Malkurs geschickt … Sicher wirkte hier eine Köchin im Hintergrund: Für besondere Anlässe aber griff die Mutter – es ist in Briefen bezeugt – auf «Herrn Sprüngli» zurück. Seine «Kunstprodukte» werden schon 1853 in den Briefen von Frau Meyer ausdrücklich erwähnt. Aber auch Stadtschreiber Johann Bernhard Spyri, Johanna Spyris Gatte, «holte» 20 Jahre später gelegentlich zum üblichen Abendtee «etwas Süsses beim Sprüngli», wie das junge Mädchen aus Frauenfeld, das bei Spyris im Stadthaus wohnt, ihrer Mutter berichtet. Vom Backen ist bei Spyris nie die Rede. Umso glücklicher ist die 16-jährige Schülerin, wenn von zu Hause hausgemachte «Guetsli» geschickt werden, die auch Frau Spyri bestens munden.

Grosse, runde Brote

Knuspriges Brot, mit Hunger und Genuss verzehrt, ist ein Bestandteil fast aller Spyri-Geschichten. Brot ist zwar keine Delikatesse, aber bei ärmeren Leuten keineswegs selbstverständlich vorhanden. Das kleine Rosenresli, ein Waisenmädchen, das bei seinem Pflegevater nie satt wird, sorgt mit einem umständlichen Tauschhandel dafür, dass es der alten «Sorgenmutter» täglich das lebensnotwendige Stück Brot bringen kann: Es erbettelt verblühte Rosen, bringt sie der «Kreuzwegbäuerin», die Rosenwasser herstellt, und erhält dafür «ein so mächtiges Stück Brot, wie Resli in seinem Leben noch keines in der Hand gehalten hatte» – eine Brotspende, die auch nach der Rosenzeit anhält. Brot scheint hier noch mehr wert als Rosen zu sein, obwohl die ausgeprägte Rosenliebe der Autorin bekannt ist und sich immer wieder in den Werken spiegelt.

Brot ist mit Genuss verbunden: Heidi beisst schon ganz am Anfang der Geschichte «vergnüglich» in sein Brot; Geissenpeters Augen werden rund angesichts der grossen Brotstücke, die Grossvater ihnen mitgibt – nie ist das Brot etwas Gewöhnliches. Auch ohne Butter schmeckt es herrlich. So gibt es auf der Alp erst ganz gegen Ende für die kranke Klara «eine dicke Butterschnitte». Der Bergbub Toni erhält erst in der städtischen Heilanstalt «ein grosses Butterbrot». Butter auf dem Brot gehört also ins städtische Milieu, ist Luxus.

Grosse, runde Brote aber müssen lange halten und liegen beim Alp-Öhi oben im Schrank. Stücke sind es darum, nicht Schnitten, die gegessen werden. Ein Backofen fehlt in der Alphütte; in den Geschichten der Frau Spyri scheint ein Backofen offenbar nie nötig. Auf elementare Weise ist das Brot plötzlich da – Symbol für das Leben schlechthin. Dennoch: Man wüsste eigentlich gern, woher dieses Brot kommt, und wir lesen lange, bis wir den Öhi sein «Käsereff», das Rücken-Traggestell also, mit einem «ungeheuren Stock» in der Hand zu Tale tragen sehen und erfahren, dass er seinen Käse «verhandelt» und dafür Vorräte an Brot und Fleisch einkauft.

Erst bei Heidis Rückkehr in die Heimat erfährt man fast nebenbei, wer die runden Brote hergestellt hat. Da steht der «kleine Leiterwagen mit dem mageren Rösslein», der das Kind und sein Gepäck vom Bahnhof ins Dörfli bringt und damit den Diener Sebastian, der sich vor den Bergen fürchtet, von einer schweren Pflicht befreit. Nachdem zwischen den Männern alles besprochen ist, weiss man endlich: «Der Mann auf dem Wagen ist der Bäcker vom Dörfli, der seine Mehlsäcke nach Hause fährt.» Der Bäcker also ist es, der Heidis ersehnte Heimkehr zu einem guten Ende bringt.

Wenn er als Dorf-Bäcker ahnen würde, was in Heidis Gepäck versteckt ist – diese kleinen, weichen Weissbrötchen –, vielleicht würden seine Augen rund und gross wie jene des Geissenpeter.

Weissbrötchen und frische, weiche Kuchen

Diese Weissbrötchen: Sie sind der Köder, mit dem Tante Dete ihre Nichte Heidi von der Alp nach Frankfurt lockt. Nach Heidis Frage: «Was kann ich der Grossmutter heimbringen?», wirkt Detes Antwort: «So schöne, weiche Brötchen», wie eine Zauberformel, die eine Reise in die Ferne plötzlich attraktiv macht und den Weg ins Tal verkürzt. So ist dann bei den bedrohlichen Mahlzeiten im Hause Sesemann nichts anderes interessant als die weissen Brötchen, die Heidi im Schrank für die Grossmutter sammelt – und die dort notgedrungen vertrocknen. Wie die Brötchen schmecken oder wie sie hergestellt werden, erfahren weder die kindlichen Leser noch Heidi selbst. Es scheint nicht von Bedeutung. «Heidi sass mäuschenstill am Tisch und rührte sich nicht, es ass und trank nicht; nur sein Brötchen hatte es schnell in die Tasche gesteckt.»

Verzweifelt, «mit rot-verweinten Augen» kämpft Heidi später um die Brötchen, die das Zimmermädchen Tinette entsorgt; denn die Dame Rottenmeier «verfügte sich in Heidis Zimmer». «Brote! Brot, sage ich, im Kleiderschrank! Schaffen Sie mir das alte Brot fort.» Unter den Blicken Fräulein Rottenmeiers sind die weissen Brötchen zur Wegwerfware geworden.

Umso wichtiger sind die frischen Brötchen, die Heidi bei seiner Rückkehr für die Grossmutter mitnimmt, später gefolgt von «dieser Schachtel voll ganz frischer, weicher Kuchen», die der Doktor als Geschenk mitbringt. Jetzt kann die Grossmutter «zu ihrem Kaffee auch einmal etwas anderes als ein Brötchen» geniessen. Dass mit der Kuchenschachtel auch «eine ungeheure Wurst» in die Hütte der Grossmutter reist, ist vor allem für den Geissenpeter eine Sensation. Kuchenschachtel und Wurst, mehrfach erwähnt, verkörpern neuen Wohlstand und bewirken, dass sich die Grossmutter «furchtbar freut».

Welche Art Kuchen es gewesen sein mag, erfahren wir nicht. In andern Spyri-Werken gibt es – selten – einen Apfelkuchen,

Das «Doktorhaus» der Familie Heusser auf dem
Hirzel, 1822 erbaut. Hier ist Johanna Spyri
geboren und mit ihren fünf Geschwistern, aber
auch mit mehreren Tanten und Grosstanten
aufgewachsen.

Meta Louise Heusser (1836–1904), Johanna
Spyris jüngste Schwester. Sie wohnte ihr
Leben lang im Elternhaus auf dem Hirzel
und blieb unverheiratet. Ihre Mutter nennt
sie «ein gewissenhaftes Hausmütterchen».

Regula Schweizer (1791–1874), «Tante Regeli» oder schlicht «Die Tante». Sie war die unverheiratete Schwester von Johanna Spyris Mutter Meta Heusser-Schweizer, der bekannten Dichterin. Die Tante war stets gegenwärtig und weitgehend für die Kindererziehung im «Doktorhaus» verantwortlich.

Johanna Spyri-Heusser (1827–1901), um 1870. Sie lebte damals als «Frau Stadtschreiber» seit zwei Jahren im alten «Stadthaus im Kratz». Dort schrieb sie 1879, im Alter von 52 Jahren, ihr «Heidi».

auch Birnbrot oder einen Lebkuchen. Für Wiseli und seinen Pflegevater Andres wird «der allergrösste Rahmkuchen» auf einem «ungeheuren Brett» vom Bäckerjungen hereingetragen. Superlative werden zur Beschreibung gebraucht, keine Rezepte. Nicht die gütige Frau Oberst im Hintergrund, sondern der Bäcker hat den Kuchen gebacken. Eher traut man das Backen der verwitweten Frau Pfarrer im «Schloss Wildenstein» zu, wenn sie den üblichen Sonntagskuchen – wohl ganz im Verborgenen – selber herstellt. Sie hat sparsam zu haushalten.

Käse, Wurst und was noch?

Heidis Grossvater bringt «an der Gabel den Käsebraten zum Tisch heran». Käse: immer wieder die wichtigste und begehrteste Zutat zum Brot. Käse, der mit dem Schmelzen weich wird, «zart wie Butter», auch in Verhältnissen, wo Butter unerschwinglich ist. Wenn es ausserdem – meist als Geschenk – auch einmal eine Wurst, sogar einen Braten und eine Flasche Wein gibt, wird das Essen zum Festmahl. Häufiger gehört getrocknetes Fleisch, wie es auch der Alp-Öhi im Schrank aufbewahrt, zum Alltag der Bergbevölkerung.

Was wird aber in den Spyri-Geschichten sonst noch gegessen? Sicher: Neben frischen Äpfeln, Birnen, Nüssen und den von Kindern besonders geliebten Erdbeeren werden offensichtlich Bohnen, Kohl und Kraut angepflanzt und auch gekocht, sofern überhaupt ein Äckerchen vorhanden ist. Von Himbeeren wird Saft – damit ist nach heutigen Begriffen wohl «Sirup» gemeint – bereitet, vom Fallobst Most gepresst. Der Vorgang des Kochens allerdings wird höchst selten beschrieben. «Dampfende Schüsseln» stehen zwar auf dem Tisch; ihr Inhalt bleibt meist ein Geheimnis. Auch in den beschriebenen Bürgerhäusern ist fast nie von bestimmten Gerichten die Rede.

Dass Rico am Gardasee Huhn mit Reis erhält, ist eine grosse Ausnahme, die regelrecht aufmerken lässt. Erst recht fallen die gebratenen Fischchen, die der Diener Sebastian in einer grossen Schüssel serviert, gewissermassen aus dem Rahmen und werden denn auch von Heidi völlig übersehen. Wie viel wichtiger ist das weisse Brötchen, das auf dem Tisch liegt! «So gib mir», sagt

Heidi schliesslich im Hinblick auf die Fischchen zum wartenden Sebastian und verstösst damit zum Ärger von Fräulein Rottenmeier gegen «die ersten Begriffe», allein schon, weil es den Diener mit «du» anredet.

Merkwürdig ergeht es auch der eifrig kochenden Tante im ersten Band von «Gritlis Kinder», der wenige Jahre nach «Heidi» erschienen ist. Während sie «in einem Puddingteig herumrührt», stürzt Fred, der kleine Naturforscher der Kinderschar dieser Familie, in die Küche. Die Tante liest «aufmerksam auf dem Papierchen, das vor ihr auf dem Tische lag: Nimm vier grosse Eier, zwei Löffel Mehl und eine Zitronenschale –.» Dann fährt sie erschrocken zusammen. Der Junge doziert, ohne das geringste Interesse für den Pudding oder das Kochrezept zu zeigen, eifrig und ausführlich über seine Rohrdommel, bis zur Mitteilung: «Das Weibchen legt vier grosse Eier – hörst du auch zu, Tante?» Jetzt ist eine köstliche Verwirrung perfekt. «Ja, jawohl: das Weibchen legt vier grosse Eier, zwei Löffel Mehl und eine Zitronenschale», antwortet die Tante und fügt später hinzu: «Ich bin nur in das Rezept hineingekommen, fahr nur fort.» Aber bald stürzen auch die andern Kinder mit neuen Fragen in die Küche. Keinerlei Aufmerksamkeit gebührt der kochenden Tante und ihrem Pudding oder gar dem Rezept. Endlich dann – alle Kinder haben die Küche verlassen – kann die Tante aufatmen und «mit gesammelten Gedanken ihren Pudding vollenden, und es war höchste Zeit». Ob der Pudding gegessen wird, wie er aussieht oder schmeckt, scheint im Vergleich zu den spannenden Erlebnissen in dieser wohl behüteten Kinderwelt unwichtig.

Eine Gegenwelt zu diesem kinderreichen Arzthaushalt mit der Tante, in dem sich sicherlich Johanna Spyris Herkunftsfamilie spiegelt, findet sich im zweiten Teil von «Gritli». Bei den Weidenbüschen am Fluss entdeckt das liebevolle Elsli die Hütte armer Fischersleute. Hier spielt nun das Kochen eine erstaunlich grosse Rolle. Elsli bringt den Kindern der bettlägrigen Mutter das Kochen bei: «Ja, seht, da seid ihr schon alt genug. Wie ich acht Jahre alt war, musste ich schon ganz allein die Kartoffeln kochen.» Mit Freude und Eifer lernen nun die zwei Buben, die um weniges jünger sind als Elsli. «Es zeigte ihnen genau, wie man ein Feuer erst

Die Puppenküche, mit der die Kinder im «Doktorhaus», also Johanna Spyri und ihre Geschwister spielten. Die Küche ist im Johanna Spyri-Museum auf dem Hirzel ausgestellt.

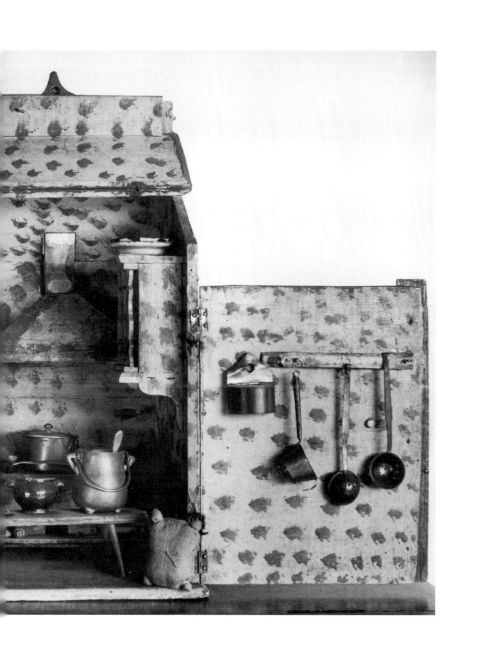

mit kleinen, trockenen Holzstückchen macht und dann grössere darauf legt. Dann wurden die Kartoffeln sauber gewaschen und in den Kochtopf gelegt und ein wenig Wasser dazugetan. Das brodelte dann bald ganz lustig, und derweilen holte Elsli die geronnene Milch herbei, wie die Mutter angeordnet hatte. – Die Buben schauten unverwandt in den Topf hinein. Als aber nun die Kartoffeln mit einemmal voneinander sprangen, hier eine und dort eine, da schrien sie vor Schrecken und riefen Elsli zu Hilfe. – Aber es war ganz erfreut und sagte: Das sind gute Kartoffeln, dass sie so aufspringen, das müssen sie tun, und nun fertig gekocht.»

Hier ist das Kochen einerseits zum spannenden Spiel geworden. «Ich weiss etwas Neues für euch zwei», so hat Elsli das Ganze eingeleitet. Das billigste, oft das einzige Nahrungsmittel armer Leute, die Kartoffeln, werden interessant und erhalten beinahe Symbolwert, wenn man weiter liest: «bis alles fertig sei, den Vater zu empfangen». So wird das Essen der Armen, sei es nun Maisbrei, Kartoffeln oder das begehrte Brot, in diesen Werken wesentlich wichtiger als das Essen einer bürgerlichen Familie. Einfachstes Essen als Zeichen von Freude und Verbundenheit.

Es ist nach allen Beobachtungen zu vermuten, dass die bürgerlich lebende Frau Spyri keine raffinierte Köchin, erst recht keine Schlemmerin war.

Ein gedeckter Tisch

Die Mahlzeiten in Johanna Spyris Werk sind Ereignisse, die dem Tag einen Rhythmus verleihen und gleichzeitig die Mitglieder einer Familie oder einer Gruppe um einen Tisch vereinen. Kommunikation ist dabei wichtiger als einzelne Nahrungsmittel. Dazu passt, dass das Herrichten des Esstischs für eine Mahlzeit von Bedeutung ist. Schon bei Heidis allererster Mahlzeit beim Alp-Öhi ist das Wenige auf dem Tisch – Brot, Teller, Messer – «schön geordnet». Vor der ersten Mahlzeit Heidis und Peters auf der Alp – wir würden es heute Picknick nennen – hat Peter «den Sack herbeigeholt und alle vier Stücke, die drin waren, schön auf den Boden hingelegt in ein Viereck, die grossen Stücke auf Heidis Seite und die kleinen auf die seinige hin, denn er wusste genau, wie er sie erhalten hatte. Dann nahm er das Schüsselchen und molk schöne, frische Milch vom Schwänli hinein und stellte das Schüsselchen mitten ins Viereck.» Nicht irgendwie, sondern immer wieder «schön» wird ein Mahl hergerichtet.

«Unterdessen war die Sonne dahin gekommen, wo sie steht, wenn man zu Mittag essen muss; das kannte Peter genau.» Hier geht es nicht um eine hergerichtete, sondern um eine vorgegebene Naturordnung, die mitspielt und für den hungrigen Naturjungen Peter die Mahlzeit zu weit mehr macht als zum Anlass, seinen Hunger zu stillen. Immer wieder entsteht so beim Essen auf die eine oder andere Weise eine Atmosphäre, die nicht nur dem Appetit förderlich ist, sondern Gemeinschaft stiftet. Für den Herrn Doktor ist es darum schwer, dass er sich als Witwer «allein an den Tisch hinsetzen muss». Genau wie die schöne Ordnung gehören andere Menschen mit zu einer guten Mahlzeit.

«Besser als die ganze Tafel in Ragaz» – man stellt sich in Ragaz durchaus attraktive Mahlzeiten vor –, nennt Klara das Essen auf der Alp. Es ist hier die Rede von einer Mahlzeit, die geradezu eine Orgie der Gefühle darstellt, alle Sinne anspricht und den Platz vor der Hütte zum Festsaal werden lässt: «Die Grossmama war in hellem Entzücken über diesen Speisesaal, von dem aus man weit, weit hinab ins Tal über die Berge weg in den blauen Himmel hinein schauen konnte. Ein milder Wind fächelte den Tischgenossen liebliche Kühlung zu und säuselte drüben in den Tannen so anmutig, als wäre er eine eigens zum Fest bestellte Tafelmusik.»

Natürlich ist für Klara bei dieser Mahlzeit der Käsebraten vor der Hütte lecker, genau so wie für Heidi bei seiner allerersten Mahlzeit beim Grossvater. Aber eine gute Mahlzeit ist immer wieder mehr als ein gutes Essen. Sie ist Symbol. Sie weist über die betreffende Situation und über die Lebensmittel hinaus in eine andere, bessere Welt.

Heidis Gugelhopf ist in diesem Sinn wohl eine erlaubte, eine passende Vision: Ein auf der Alp leicht irreales Backwerk – schon der Name! – schlägt die Brücke vom Bergkind Heidi zur Umgebung der heranwachsenden Johanna und kann auch heute, in Gedanken an einen wunderbaren Speisesaal über den Bergen, nachgebacken werden. Ein Symbol!

Regine Schindler

Jetzt kam der Grossvater mit einem Topf und dem Käsebraten an der Gabel zum Tisch heran; da lag schon das runde Brot darauf und zwei Teller und zwei Messer, alles schön geordnet, denn das Heidi hatte alles im Schrank gut wahrgenommen und wusste, dass man das alles nun gleich zum Essen brauchen werde. [...]

«Gefällt dir die Milch?» fragte der Grossvater.

«Ich habe noch gar nie so gute Milch getrunken», antwortete Heidi.

«So musst du mehr haben», und der Grossvater füllte das Schüsselchen noch einmal bis oben hin und stellte es vor das Kind, das vergnüglich in sein Brot biss, nachdem es von dem weichen Käse daraufgestrichen, denn der war, so gebraten, weich wie Butter, und das schmeckte ganz kräftig zusammen, und zwischendurch trank es seine Milch und sah sehr vergnüglich aus.

«Was kann ich der Grossmutter heimbringen?» fragte Heidi
nach einer Weile.

«Etwas Gutes», sagte die Base, «so schöne, weiche Weissbrötchen, da wird sie Freud' haben daran: sie kann ja doch das harte
schwarze Brot fast nicht mehr essen.»

«Ja, sie gibt es immer wieder dem Peter und sagt: ‹Es ist mir
zu hart›; das habe ich selber gesehen», bestätigte das Heidi. «So
wollen wir geschwind gehen, Base Dete, dann kommen wir vielleicht heut' noch nach Frankfurt, dass ich bald wieder da bin mit
den Brötchen.»

Die Backrezepte aus Johanna Spyris Elternhaus zu lesen, gottlob bereits transkribiert, und sie anschliessend in der Küche umzu setzen, war ein kleines Abenteuer. Als blosse Gedankenstütze für die Köchin niedergeschrieben, waren die Rezepte ja nicht zur Veröffentlichung gedacht. So sind oftmals die Zutaten noch einigermassen genau aufgelistet, nicht aber deren Verarbeitung.

Nicht einfach war es auch mit den alten Massen. Von Pfund, Loth, Quentli und Schoppen ist die Rede. Wobei sich der

Backrezepte von Anno dazumal

Schoppen von anfangs einem halben Liter irgendwann auf knapp die Hälfte reduziert. Es galt nun herauszufinden, in welchen Rezepten mit welchen Massen gearbeitet wurde. Aber wahrscheinlich nahm man es damit sowieso nicht so genau.

Wie auch mit dem Formen und Backen der Gerichte. Da die Temperatur in Holzöfen grossen Schwankungen unterworfen ist, war es natürlich unmöglich, exakte Angaben zur Backtemperatur und -zeit zu geben. Dies war wohl eher eine Sache der Erfahrung und des Gefühls. So habe ich mich mit Beschreibungen wie «mehr trocknen als backen» oder «schnell backen» begnügen müssen. Die herkömmlichen Gebäcke sind meist eher robust, sodass Temperaturabweichungen von einigen Grad zum Glück keine grosse Rolle spielen.

Die Vielfalt der Gebäcke hat mich erstaunt, wenn man bedenkt, dass die Zutatenauswahl sehr gering gewesen sein muss: Mehl, Zucker, Honig, Eier, Schokolade. Mit diesen Grundzutaten wurden die verschiedensten Gebäcke hergestellt. Alle reichlich gewürzt mit Zimt, Muskatnuss, Anis, Gewürznelken, Vanille und Zitrone. Die ziemlich grossen Mengen lassen vermuten, dass die Gewürze mit anderen Zutaten gestreckt wurden. Und das mindert die Geschmacksintensität doch ganz erheblich – ich habe also die Gewürzmengen entsprechend angepasst. Interessant sind die heute eher weniger bekannten Kombinationen wie Anis, Zitrone und Haselnüsse in einem Guetsli.

Nicht nur die Zutaten, auch die Auswahl an Backformen war sehr bescheiden. Ausser der Gugelhopfform sind keine speziellen Formen erwähnt. Wurde für ein Gebäck eine Form verwen-

[Handschriftliches Rezept:]

...kochen lassen ... Vanille ...
wird dazu gegeben.

Caffee-Creme.
1½ Tasse starken, schwarzen Caffee,
... ½ Liter Milch oder Rahm
1/8 ℔ Zucker, alles zusammen
kochen, dann 4–6 Eigelb ver-
klopfen und die heiße Creme
darein rühren.

Vanille Auflauf.
Man kocht in ... 5 dl ... Halb ...
Milch oder süßen Rahm ... der Länge
nach ... Vanillestange
... Minuten lang ... . Unterdessen
werden 6 Loth = 94 Gramm leicht zer-
schmolzene Butter mit 6 Loth feinem
Mehl ... gut mitein...

det, ist sie in den Rezepten als Model bezeichnet. Also irgendei-
ne Backform, das heisst wohl, was man gerade an Formen besass,
wurde für alle Arten von Gebäcken verwendet. Von Guetsliaus-
stechern wird ebenso selten gesprochen. Was vorkommt, sind
Ringe und Sterne sowie Model, wie wir sie von den Anisbröt-
chen her kennen. Guetsliteige wurden meist gerollt oder ausge-
wallt und in beliebige Stücke geschnitten. Oder man formte mit
zwei Teelöffeli Häufchen oder Schiffchen.

In jedem Fall versprechen die Backrezepte von Anno dazumal
auch heute noch viel Freude beim Backen und Geniessen!

Silvia Bryner

Kuchen

GUGELHOPF

Für 1 Gugelhopfform von 1,5 l Inhalt
Butter und Paniermehl für die Form

375 g Mehl

3/4 TL Salz

75 g Zucker

20 g Hefe, zerbröckelt

2,75 dl Milch, lauwarm

80 g Butter, flüssig, ausgekühlt

2 Eigelb

2 Eiweiss, steif geschlagen

100 g Rosinen

Mehl, Salz und Zucker mischen und eine Mulde formen. Hefe in wenig Milch auflösen und mit den restlichen Zutaten in die Mulde geben. Teig gut mischen und klopfen, bis er Blasen wirft.

Form ausbuttern und mit Paniermehl ausstreuen. Den Teig hineinfüllen und zugedeckt bei Raumtemperatur bis 1 cm unter den Formrand aufgehen lassen.

Den Gugelhopf in der unteren Hälfte des auf 200 Grad vorgeheizten Ofens 35–45 Minuten backen.

WEISSER KUCHEN

Für 1 Springform oder Blech von 24–26 cm Durchmesser
Backpapier und Butter für die Form oder das Blech

125 g Butter, weich

175 g Zucker

3 Eier

1 Eigelb

225 g Mehl

3–4 EL Mandelstifte

Puderzucker zum Bestäuben

Form- oder Blechboden mit Backpapier belegen und Rand bebuttern.

Butter rühren, bis sich Spitzchen bilden. Zucker, Eier und Eigelb dazugeben und rühren, bis die Masse hell ist. Mehl dazusieben und darunter rühren.

Den Teig in die Form oder das Blech geben und mit Mandeln bestreuen. In der unteren Hälfte des auf 180 Grad vorgeheizten Ofens 45–50 Minuten backen.

Den Kuchen auskühlen lassen, dann mit Puderzucker bestäuben.

Tipp: Den Kuchen mit Erdbeeren und Schlagrahm servieren.

DATTELKUCHEN

Für 1 Cakeform von 28 cm Länge oder
1 Springform von 24 cm Durchmesser
Backpapier und Butter für die Form

4 Eigelb
100 g Zucker
400 g Datteln, entsteint, geviertelt
500 g Haselnüsse, gehackt
200 g Mehl
4 Eiweiss, steif geschlagen

Cakeform mit Backpapier auslegen. Springformboden mit Backpapier belegen und Rand bebuttern.

Eigelb und Zucker rühren, bis die Masse hell ist. Datteln und Haselnüsse dazurühren. Mehl dazusieben, Eischnee darauf geben und sorgfältig darunter ziehen.

Die Masse in die Form füllen.

Den Dattelkuchen in der unteren Hälfte des auf 170 Grad vorgeheizten Ofens backen: in der Cakeform ca. 1 Stunde, in der Springform 50–55 Minuten.

1/2 ℔ gestoßener Zucker, nach belieben
Gewürz, 6 Eier, worauf das Weiße zu
Schnee geschlagen. Form mit Butter
angestrichen.

Chocoladentorte

3/4 ℔ Zucker werden mit 3 Eiern
gerührt bis es schäumt, dann mit
1/4 ℔ Butter vermengt, das über
gut verrogen und zu einem feinen
Brei geschlagen sein muß. Nimm
2 1/2 Loth Chocolate. Wenn diese Masse
gut gemischt ist, gibt man 1 1/2
Löffel Kirschwasser bei, legt noch
3/4 ℔ ungeschälte, gestoßene Mandeln
und 2 Löffel Mehl hinzu. Model
mit Butter angestrichen. —

SCHOKOLADETORTE

Für 1 Springform von 24 cm Durchmesser
Backpapier, Butter und Paniermehl für die Form

240 g dunkle Schokolade
125 g Butter
1 1/2 EL Kirsch
3 Eier
250 g Zucker
300 g gemahlene Mandeln
100 g Mehl

Puderzucker zum Bestäuben

Formboden mit Backpapier belegen, Rand bebuttern und mit Paniermehl bestreuen.

Schokolade mit Butter bei kleiner Hitze schmelzen lassen. Leicht auskühlen lassen, dann Kirsch darunter rühren. Eier mit Zucker zu einer hellen, schaumigen Masse schlagen. Schokolademasse dazurühren. Mandeln mit Mehl mischen und darunter ziehen.

Die Masse in die Form füllen und in der unteren Hälfte des auf 160 Grad vorgeheizten Ofens 60–70 Minuten backen.

Die Schokoladetorte auskühlen lassen, dann mit Puderzucker bestäuben.

MANDELBISKUIT

Für 1 Kuchenform von 2–2,5 l Inhalt
Butter und Griess oder gemahlener Zwieback für die Form

7 Eigelb
175 g Zucker
7 Eiweiss
275 g geschälte Mandeln, gemahlen

Puderzucker zum Bestäuben

Form ausbuttern und mit Griess oder Zwieback ausstreuen.

Eigelb mit Zucker schlagen, bis die Masse hell ist. Eiweiss steif schlagen und mit Mandeln darunter ziehen.

Die Masse in die Form füllen und in der unteren Hälfte des auf 180 Grad vorgeheizten Ofens 35–40 Minuten backen.

Das Mandelbiskuit in der Form auskühlen lassen, dann stürzen und mit Puderzucker bestäuben.

Tipp: Das Mandelbiskuit mit Apfelmus oder Apfelkompott und flaumig geschlagenem Rahm oder Crème fraîche servieren.

St. Galler Brot

Für 1 Blech von 30 cm Durchmesser
Backpapier für das Blech

225 g Butter, weich

225 g Zucker

3 Eigelb

1/2 Zitrone, abgeriebene Schale

1 TL Zimtpulver

1 Msp. Muskatnuss

1 Msp. Gewürznelkenpulver

225 g Mandeln, fein gehackt

225 g Mehl

1 Eiweiss, leicht verquirlt

2–3 EL Hagelzucker

Butter rühren, bis sich Spitzchen bilden. Zucker mit Eigelb dazugeben und rühren, bis die Masse hell ist. Zitronenschale und Gewürze darunter rühren. Mandeln mit Mehl mischen und darunter mengen.

Blech mit Backpapier belegen. Die Masse darauf fingerdick ausstreichen, mit Eiweiss bepinseln und mit Hagelzucker bestreuen. In der Mitte des auf 180 Grad vorgeheizten Ofens 25–30 Minuten backen.

Das noch heisse Brot in Stücke schneiden und auskühlen lassen. Oder zuerst auskühlen lassen, dann in Stücke brechen.

KRÜSCHTORTE

Für 1 Kuchen- oder Springform von 24 cm Durchmesser
Backpapier und Butter für die Form

125 g Butter, weich
225 g Zucker
4 Eigelb
$1/2$ Zitrone, abgeriebene Schale
$1/2$ EL Zimtpulver
250 g gemahlene Mandeln
60 g Mehl
4 Eiweiss, steif geschlagen

Formboden mit Backpapier belegen und Rand bebuttern.

Butter rühren, bis sich Spitzchen bilden. Zucker mit Eigelb dazugeben und rühren, bis die Masse hell ist. Zitronenschale und Zimt darunter rühren. Mandeln mit Mehl mischen, lagenweise mit Eischnee auf die Masse geben und sorgfältig darunter ziehen.

Die Masse in die Form füllen.

Die Krüschtorte in der unteren Hälfte des auf 170 Grad vorgeheizten Ofens 35–40 Minuten backen.

LIQUEUR AUX FRAMBOISES

Für ca. 1,5 Liter

400 g Himbeeren
7 dl Himbeergeist (40 Vol.-%)
ca. 700 g Zucker
3 dl Wasser

Himbeeren in ein Glas- oder Keramikgefäss geben und mit Himbeergeist aufgiessen. Zugedeckt bei Raumtemperatur 4–5 Tage stehen lassen.

Flüssigkeit absieben, dabei die Himbeeren leicht ausdrücken. Die Himbeerflüssigkeit abmessen und beiseite stellen.

Gleich viel Zucker wie Himbeerflüssigkeit in eine Pfanne geben. Wasser dazugiessen und aufkochen. Den heissen Sirup zur Himbeerflüssigkeit geben. Zugedeckt über Nacht stehen lassen.

Den Himbeerlikör in Flaschen abfüllen, gut verschliessen und kühl aufbewahren.

JÄGERTORTE

Für 1 Springform von 24 cm Durchmesser
Backpapier für die Form

Biskuit:
3 Eier
3 Eigelb
200 g Zucker
150 g geschälte Mandeln, gemahlen
75 g Mehl

Belag:
100 g Himbeerkonfitüre, evtl. erwärmt und durch ein Sieb gestrichen
3 Eiweiss
120 g Zucker
50 g Mandelblättchen

Formboden mit Backpapier belegen.

Für das Biskuit Eier, Eigelb und Zucker zu einer hellen, schaumigen Masse schlagen. Mandeln mit Mehl mischen und sorgfältig darunter mengen.

Die Masse in die Form füllen und in der unteren Hälfte des auf 180 Grad vorgeheizten Ofens ca. 30 Minuten backen. Dann das Biskuit auskühlen lassen.

Für den Belag das Biskuit mit Konfitüre bestreichen. Eiweiss steif schlagen. Zucker einrieseln lassen und weiterschlagen, bis die Masse glänzt. Die Masse auf dem Biskuit verstreichen und mit Mandeln bestreuen.

Die Jägertorte in der unteren Hälfte des auf 150 Grad vorgeheizten Ofens nochmals 25–30 Minuten backen.

Gâteau au chocolat

Für 1 Blech von 26 cm Durchmesser
Backpapier für das Blech

200 g Zucker
100 g dunkle Schokolade, gerieben
125 g geschälte Mandeln, gemahlen
Zimtpulver, nach Belieben
4 Eiweiss
1 EL Mehl

Zucker, Schokolade, Mandeln und Zimt mischen. Eiweiss mit Mehl steif schlagen und sorgfältig darunter ziehen.

Blech mit Backpapier belegen. Die Masse darauf verteilen und in der unteren Hälfte des auf 150 Grad vorgeheizten Ofens 35–40 Minuten backen.

Den Schokoladekuchen ausgekühlt servieren.

Tipp: Den Schokoladekuchen mit Schlagrahm und Schokoladespänen garnieren.

BUTTERBRÖTCHEN

Für 10 Förmchen von ca. 1 dl Inhalt
Butter für die Förmchen

Teig:
100 g Butter, weich
100 g Zucker
4 Eigelb
1/2 Zitrone, abgeriebene Schale
100 g Mehl
2 Eiweiss, steif geschlagen

Belag:
2 Eiweiss
100 g Zucker
2 EL Mohnsamen

Für den Teig Butter rühren, bis sich Spitzchen bilden. Zucker mit Eigelb dazugeben und rühren, bis die Masse hell ist. Zitronenschale darunter mischen. Mehl lagenweise mit Eischnee auf die Masse geben und sorgfältig darunter ziehen.

Förmchen ausbuttern. Den Teig hineinfüllen.

Für den Belag Eiweiss steif schlagen. Zucker einrieseln lassen und weiterschlagen, bis die Masse glänzt. Die Masse auf dem Teig verstreichen und mit Mohn bestreuen.

Die Butterbrötchen in der Mitte des auf 180 Grad vorgeheizten Ofens ca. 25 Minuten backen, nach ca. 5 Minuten mit Backpapier bedecken.

ANISSCHNITTEN

Für 35–40 Stück

1 Blech von 45 x 35 cm
Backpapier für das Blech

5 Eier
250 g Zucker
250 g Butter, flüssig, leicht ausgekühlt
1 Zitrone, abgeriebene Schale
1/2 TL Zimtpulver
1 Msp. Gewürznelkenpulver
1 EL Anissamen
250 g Mehl

Puderzucker zum Bestäuben

Eier schaumig schlagen. Zucker dazugeben und weiterschlagen, bis die Masse hell ist. Butter darunter rühren. Zitronenschale, Zimt, Nelken und Anis darunter mischen. Mehl dazusieben und darunter rühren.

Blech mit Backpapier belegen. Den Teig darauf verteilen und in der unteren Hälfte des auf 180 Grad vorgeheizten Ofens ca. 20 Minuten backen.

Das Biskuit leicht auskühlen lassen, dann mit einem Messer schräg in ca. 6 x 3 cm grosse Schnitten schneiden.

Die Anisschnitten mit Puderzucker bestäuben.

160 gr. Zuckerbrod 80 gr.

11 Loth Zucker, 6 Loth gestoßene
Mandeln, Zimt, ein wenig Halken
& 5 Eier werden eine Viertelstunde
100 ⁰
braun gerührt, 1 Loth Mehl dazuge-
geben & die Masse in eine mit
Butter oder Mehl bestrichene Form
gefüllt. Zerschnittene Mandeln
werden in die Form & auf die
eingefüllte Masse gestreut & dieselbe
sofort in den Ofen gethan. Mäßige
Hitze von 1/2 Stunde.

Zimt-Sterne.

3 Eiweiß werden zu dickem Schnee
gerührt; mit 1/2 ℔ gesiebtem Zucker
1/2 ℔ roher zerstoßenen Mandeln
& 1 Loth Zimt gut vermengt.
Dann wird Mehl & Zucker

TEEBROT

Für 1 Blech von 26 cm Durchmesser
Backpapier und Butter für das Blech

6 EL ungeschälte Mandeln, gehackt
5 Eier
170 g Zucker
1 TL Zimtpulver
1 Msp. Gewürznelkenpulver
90 g gemahlene Mandeln
110 g Mehl

Blechboden mit Backpapier belegen und Rand bebuttern. Die Hälfte der gehackten Mandeln auf den Blechboden streuen.

Eier mit Zucker schlagen, bis die Masse hell und schaumig ist. Gewürze darunter mischen. Gemahlene Mandeln mit Mehl mischen und darunter rühren.

Die Masse im Blech verteilen und mit den restlichen gehackten Mandeln bestreuen.

Das Teebrot in der unteren Hälfte des auf 180 Grad vorgeheizten Ofens 30–35 Minuten backen.

Guetsli

MANDELKRAPFEN

Für ca. 40 Stück

125 g Mehl
125 g gemahlene Mandeln
125 g kalte Butter, in Stücke geschnitten
90 g Zucker
1 EL Anissamen
$^1/_2$ Zitrone, abgeriebene Schale
2 Eigelb
2 EL Weisswein
1 Eigelb mit 1 TL Milch verdünnt
Hagelzucker zum Bestreuen

Mehl mit Mandeln mischen. Butter dazugeben und mit den Händen zu einer krümeligen Masse verreiben. Zucker, Anis und Zitronenschale darunter mischen und eine Mulde formen. Eigelb mit Wein verrühren und hineingiessen. Zu einem geschmeidigen Teig zusammenfügen und in Folie gewickelt 1 Stunde kühl stellen.

Den Teig auf wenig Mehl ca. 7 mm dick auswallen und in gleich grosse Stücke schneiden. Auf ein mit Backpapier belegtes Blech geben und 15 Minuten kühl stellen.

Die Mandelkrapfen mit Eigelb bepinseln und mit Hagelzucker bestreuen. In der Mitte des auf 200 Grad vorgeheizten Ofens 8–10 Minuten backen.

BAUERNTROPFEN

Für 50–55 Stück

4 Eiweiss
250 g Zucker
250 g Mehl
250 g Mandelstifte, geröstet
ca. 25 ungeschälte Mandeln, halbiert

Eiweiss steif schlagen. Zucker einrieseln lassen und weiterschlagen, bis die Masse glänzt. Mehl mit Mandelstiften mischen und sorgfältig darunter mengen.

Aus dem Teig mit zwei Teelöffeli Häufchen formen und auf ein mit Backpapier belegtes Blech geben. Je 1 Mandelhälfte darauf drücken.

Die Bauerntropfen in der Mitte des auf 180 Grad vorgeheizten Ofens 10–12 Minuten backen.

Schokoladebrötli

Für 60–70 Stück

3 Eiweiss
150 g Zucker
125 g dunkle Schokolade, gerieben

Kakaopulver zum Bestäuben

Eiweiss steif schlagen. Zucker einrieseln lassen und weiter-schlagen, bis die Masse glänzt. Schokolade darunter mischen.

Aus der Masse mit zwei Teelöffeli Häufchen formen und auf ein mit Backpapier belegtes Blech geben. In der Mitte des auf 100 Grad vorgeheizten Ofens bei leicht geöffneter Ofentür 70–100 Minuten trocknen lassen.

Die Schokoladebrötli auskühlen lassen, dann mit Kakao-pulver bestäuben.

GLÜHWEIN

Für ca. 2 Liter

1,5 l Rotwein
250 g Zucker
1 Zitrone, abgeriebene Schale
1 Zimtstängel

Alle Zutaten in eine Pfanne geben und knapp unter dem Siedepunkt erhitzen.

Den Glühwein heiss servieren.

Hinweis: Der Glühwein darf nicht kochen, da er sonst zu sauer wird.

BASLER LECKERLI VON FRL. SCHUSTER

Für 70–75 Stück

Teig:
250 g Zucker
125 g Mandeln, gehackt
25 g Zitronat, gehackt
25 g Orangeat, gehackt
1 $1/4$ EL Zimtpulver
1 gute Prise Gewürznelkenpulver
$1/2$ TL Muskatnuss
500 g Honig, erwärmt
2 EL Kirsch
475–500 g Mehl

Glasur:
100 g Zucker
0,5 dl Wasser
1 EL Eiweiss, leicht verquirlt

Für den Teig Zucker, Mandeln, Zitronat, Orangeat und Gewürze mischen. Honig dazugiessen und mit Kirsch darunter rühren. Mehl dazugeben und zu einem Teig zusammenfügen.

Den Teig auf wenig Mehl ca. 7 mm dick auswallen. Mit einem Leckerlimodel Leckerli ausstechen oder ca. 5 x 3,5 cm grosse Leckerli zuschneiden. Auf einem mit Backpapier belegten Blech verteilen und in der Mitte des auf 150 Grad vorgeheizten Ofens 15–20 Minuten backen.

Für die Glasur Zucker mit Wasser in eine Pfanne geben, aufkochen und ca. 5 Minuten zum Faden kochen. Leicht auskühlen lassen, dann Eiweiss darunter rühren.

Die noch heissen Leckerli mit der Glasur bepinseln und trocknen lassen.

SCHOKOLADEMUSCHELN

Für 80–90 Stück

Muschelmodel
Zucker für den Model

4 Eiweiss
250 g Zucker
1 Vanillestängel, ausgeschabtes Mark
90 g dunkle Schokolade, gerieben
ca. 500 g gemahlene Mandeln

Eiweiss steif schlagen. Zucker einrieseln lassen und weiterschlagen, bis die Masse glänzt. Vanillemark mit Schokolade dazugeben und verrühren. Mandeln darunter mischen.

Aus dem Teig nussgrosse Bällchen formen und auf den mit Zucker bestreuten Model drücken. Die Teigmuscheln auf einem mit Backpapier belegten Blech verteilen.

Die Schokolademuscheln in der Mitte des auf 140 Grad vorgeheizten Ofens ca. 25 Minuten backen.

Variante: Statt Vanillemark 1/2 TL Zimtpulver und die abgeriebene Schale von 1 Zitrone dazugeben.

PFEFFERNÜSSE

Für ca. 110 Stück

4 Eier

500 g Zucker

4 TL Zimtpulver

1/2 TL Gewürznelkenpulver

500 g Mehl

0,5–1 dl Kirsch

Eier schaumig schlagen. Zucker dazugeben und weiterschlagen, bis die Masse hell ist. Gewürze darunter mischen. Mehl dazusieben und kurz darunter rühren. Zu einem Teig zusammenfügen.

Den Teig auf wenig Mehl kleinfingerdick auswallen. Rondellen von ca. 4 cm Durchmesser ausstechen, mit der Unterseite nach oben auf ein Blech legen und unbedeckt 2 Tage trocknen lassen.

Die Teigrondellen wenden, auf ein mit Mehl bestäubtes Blech legen und mit Kirsch bepinseln.

Die Pfeffernüsse in der Mitte des auf 180 Grad vorgeheizten Ofens 12–14 Minuten backen.

MANDELBRÖTCHEN

Für 90–100 Stück

250 g Butter, weich
250 g Zucker
1 Ei
1 Zitrone, abgeriebene Schale
250 g gemahlene Mandeln
250 g Mehl
1 Ei, verquirlt

Butter rühren, bis sich Spitzchen bilden. Zucker mit Ei dazugeben und rühren, bis die Masse hell ist. Zitronenschale beifügen. Mandeln mit Mehl mischen und dazugeben. Zu einem weichen Teig zusammenfügen und in Folie gewickelt 30 Minuten kühl stellen.

Den Teig zu fingerdicken Strängen rollen, in 5–6 cm lange Stängelchen schneiden und mit dem Messer ein Gittermuster einritzen. Mit genügend Abstand auf einem mit Backpapier belegten Blech verteilen und 15 Minuten kühl stellen.

Die Mandelbrötchen mit Ei bepinseln und in der Mitte des auf 200 Grad vorgeheizten Ofens ca. 10 Minuten backen.

werden zu einem Teig gemacht
in ein mit Butter bestrichenes
& mit Gries bestreutes Tortenblech
gefüllt & mit zerschnittenen
Mandeln bestreut & in Ofen
gebacken.

Ettlinger Mandelconfect.

Aus 1/2 ℔ Mehl 1/4 ℔ Butter, 1/8
℔ Zucker & 3 Eigelb wird ein Teig
gemacht, ausgewellt & mit einer
runden Form ausgedrückt. Aus
1/2 ℔ Zucker, 1/2 ℔ geschälten & gestoßenen
Mandeln, Zimt oder Vanille &
den zu Schnee geschlagenen 3 Eiweiß
ein Guß gemacht, auf die ausge-
stochenen Küchlein vertheilt & in
Ofen gebacken.

ETTLINGER MANDELKONFEKT

Für 65–70 Stück

Teig:
250 g Mehl
70 g Zucker
150 g kalte Butter, in Stücke geschnitten
2–3 Eigelb, verquirlt

Belag:
3 Eiweiss
250 g Zucker
250 g geschälte Mandeln, gemahlen
1 Vanillestängel, ausgeschabtes Mark, oder 1/2 TL Zimtpulver

Für den Teig Mehl mit Zucker mischen. Butter dazugeben, mit den Händen zu einer krümeligen Masse verreiben und eine Mulde formen. Eigelb hineingeben. Zu einem geschmeidigen Teig zusammenfügen (nicht kneten) und in Folie gewickelt 30 Minuten kühl stellen.

Den Teig auf wenig Mehl 5 mm dick auswallen. Rondellen von 4–5 cm Durchmesser ausstechen, auf ein mit Backpapier belegtes Blech geben und 15–20 Minuten kühl stellen.

Für den Belag Eiweiss steif schlagen. Zucker einrieseln lassen und weiterschlagen, bis die Masse glänzt. Mandeln und Vanillemark oder Zimt darunter mischen. Die Masse in einen Spritzsack mit gezackter Tülle füllen und auf die Teigrondellen spritzen.

Das Mandelkonfekt in der Mitte des auf 170 Grad vorgeheizten Ofens 22–25 Minuten backen.

ZIMTSTERNE

Für 50–60 Stück

Teig:
3 Eiweiss
250 g Puderzucker
1 1/2 EL Zimtpulver
300–350 g gemahlene Mandeln
wenig Mehl und Zucker

Glasur, nach Belieben:
150 g Puderzucker
2–3 EL Kirsch oder Zitronensaft

Für den Teig Eiweiss steif schlagen. Puderzucker beifügen und weiterschlagen, bis die Masse glänzt. Zimt darunter mischen und Mandeln dazugeben. Zu einem Teig zusammenfügen, etwas Mehl und Zucker auf die Arbeitsfläche streuen und den Teig darauf bearbeiten, bis er nicht mehr klebt.

Den Teig auf Zucker 7–10 mm dick auswallen. Mit einem Förmchen Sterne ausstechen, auf einem mit Backpapier belegten Blech verteilen und bei Raumtemperatur 6 Stunden oder über Nacht trocknen lassen.

Die Zimtsterne in der Mitte des auf 250 Grad vorgeheizten Ofens 3–5 Minuten backen.

Für die Glasur Puderzucker mit Kirsch oder Zitronensaft zu einer dickflüssigen Konsistenz verrühren. Die Oberfläche der noch warmen Zimtsterne in die Glasur tauchen oder mit der Glasur bepinseln und trocknen lassen.

BELGRADER BROT

Für ca. 70 Stück

250 g Mehl

250 g Zucker

250 g geschälte Mandeln, fein gehackt

2 Msp. Pottasche

1 1/2 EL Zimtpulver

1 Msp. Gewürznelkenpulver

2 Msp. Muskatnuss

1 Zitrone, abgeriebene Schale

35 g Zitronat, gehackt

35 g Orangeat, gehackt

2 Eier

2 Eigelb

Alle Zutaten bis und mit Orangeat mischen und eine Mulde formen. Eier mit Eigelb verrühren und hineingeben. Zu einem geschmeidigen Teig zusammenfügen.

Den Teig auf wenig Mehl 1,5 cm dick auswallen und in Dreiecke von ca. 3,5 cm Seitenlänge schneiden. Auf einem mit Backpapier belegten Blech verteilen.

Das Brot in der Mitte des auf 180 Grad vorgeheizten Ofens ca. 20 Minuten backen.

HONIGKONFEKT

Für 35–40 Stück

3 Eiweiss
250 g Zucker
1 EL Bienenhonig
250 g Mehl
1 Msp. Zimtpulver

Puderzucker zum Bestäuben

Eiweiss steif schlagen. Zucker mit Honig dazugeben und weiterschlagen, bis die Masse glänzt. Mehl mit Zimt mischen, dazusieben und darunter rühren.

Die Masse in einen Spritzsack mit grosser gezackter Tülle füllen und Häufchen auf ein mit Backpapier belegtes Blech spritzen. In der Mitte des auf 170 Grad vorgeheizten Ofens 12–14 Minuten backen.

Das Honigkonfekt auskühlen lassen, dann mit Puderzucker bestäuben.

Braune Ringle.

Von dem Eiweiß schlägt man Schnee
schnee rührt darin 250 gr. Zucker,
ein Messerspitze Zimt, 2 Eßlöffel
Honig u. zuletzt 250 gr. Mehl.
Den Teig nicht zu dünn ausrollen,
Ringle ausstechen u. nach dem
braten mit Zuckerwasser bestreichen.

Dattelkuchen

1 ℔ Datteln wird ausgesteint und
in 4 Teile geschnitten, 1 ℔ Nüsse grob
gewiegt, 4 Eier, 1 Tasse voll Mehl u.
1/2 Tasse Zucker. Das Eigelb wird
zuerst mit dem Zucker schaumig
gerührt, das Eiweiß zu Schnee
geschlagen. Backzeit cc. 1 Stunde.

Braune Ringle

Für 70–80 Stück

Teig:
2 Eiweiss
250 g Zucker
2 EL Honig
$^1/_2$–$^3/_4$ TL Zimtpulver
250 g Mehl

Glasur:
200 g Zucker
1 dl Wasser

Für den Teig Eiweiss steif schlagen. Zucker mit Honig dazugeben und weiterschlagen, bis die Masse glänzt. Zimt darunter rühren. Mehl dazusieben und zu einem geschmeidigen Teig zusammenfügen.

Den Teig auf wenig Mehl ca. 5 mm dick auswallen. Mit einem Förmchen Ringli ausstechen und auf ein mit Backpapier belegtes Blech geben. In der Mitte des auf 170 Grad vorgeheizten Ofens ca. 10 Minuten backen.

Für die Glasur Zucker mit Wasser in eine Pfanne geben, aufkochen und ca. 5 Minuten zum Faden kochen.

Die noch warmen Ringle mit der Glasur bepinseln und trocknen lassen.

HASELNUSSKONFEKT

Für ca. 80 Stück

4 Eiweiss
250 g Zucker
1 Päckchen Vanillezucker
1 Vanillestängel, ausgeschabtes Mark
1 TL Zimtpulver
250 g gemahlene Mandeln
250 g gemahlene Haselnüsse

Eiweiss steif schlagen. Zucker und Vanillezucker einrieseln lassen und weiterschlagen, bis die Masse glänzt. Davon 2–3 EL für die Glasur zugedeckt beiseite stellen.

Vanillemark, Zimt, Mandeln und Haselnüsse unter die Eiweissmasse rühren. Zu einem Teig zusammenfügen.

Den Teig auf Zucker ca. 7 mm dick auswallen und in Rhomben von ca. 5 cm Länge schneiden. Auf einem mit Backpapier belegten Blech verteilen und mit der Glasur bepinseln.

Das Haselnusskonfekt in der Mitte des auf 200 Grad vorgeheizten Ofens 6–8 Minuten backen.

Schwabenbrötchen

Für ca. 80 Stück

250 g Butter, weich
250 g Zucker
1 Prise Salz
1 Ei
$1/2$ Zitrone, abgeriebene Schale
$1/2$ EL Zimtpulver
250 g geschälte Mandeln, gemahlen
250 g Mehl
2 Eigelb mit 2 TL Milch verrührt

Butter rühren, bis sich Spitzchen bilden. Zucker, Salz und Ei dazugeben und rühren, bis die Masse hell ist. Zitronenschale und Zimt darunter rühren. Mandeln mit Mehl mischen und beifügen. Zu einem weichen Teig zusammenfügen und in Folie gewickelt 1 Stunde kühl stellen.

Den Teig portionenweise auf wenig Mehl 7–8 mm dick auswallen. Mit beliebigen Förmchen Guetsli ausstechen, auf einem mit Backpapier belegten Blech verteilen und 15 Minuten kühl stellen.

Die Schwabenbrötchen mit Eigelb bepinseln und in der Mitte des auf 200 Grad vorgeheizten Ofens ca. 10 Minuten backen.

Zimtküchlein

Es werden 4 Eiweiß zu schönem
Schnee Schnee geschlagen, darauf
1/2 ℔ mit der Hand länglich geschnittene
Mandeln, 1/2 ℔ feingestoßener Zucker
nebst 1 Loth feingeriebenen Zimt
leicht darunter gethan, auf Oblaten
kleine Küchlein gesetzt & sallgall
gebacken.

Schafervüße.

Es wird von 1 ℔ Mehl, 1 ℔ Zucker
4 ganzen Eiern, Nelken & Zimt
ein Teig gemacht, derselbe gut
klein finger dick ausgewalt,
ausgestochen & herumgedreht,
2-3 Tage lang auf dem Brett
liegen gelassen, die untere
Seite herumgelegt & mit

ZIMTKÜCHLEIN

Für 60–70 Stück

4 Eiweiss
250 g Puderzucker
250 g ungeschälte Mandeln, gehackt
$1/2$ EL Zimtpulver
60–70 Oblaten von ca. 3 cm Durchmesser

Eiweiss steif schlagen. Puderzucker einrieseln lassen und weiterschlagen, bis die Masse glänzt. Mandeln und Zimt darunter mischen.

Oblaten auf einem mit Backpapier belegten Blech verteilen. Aus der Masse mit zwei Teelöffeli Häufchen formen und auf die Oblaten geben.

Die Zimtküchlein in der Mitte des auf 150 Grad vorgeheizten Ofens ca. 20 Minuten backen.

VANILLEGUETSLI

Für ca. 40 Stück

verschiedene Model
Mehl für die Model

3 Eier
300 g Puderzucker
1 Päckchen Vanillezucker
1 Msp. Salz
1 EL Zitronensaft
2 Vanillestängel, ausgeschabtes Mark
400 g Mehl

Eier, Puder- und Vanillezucker zu einer hellen, dicklichen Creme schlagen. Salz, Zitronensaft und Vanillemark darunter rühren. Mehl dazusieben und zu einem Teig zusammenfügen.

Den Teig auf wenig Mehl 1 cm dick auswallen. Leicht bemehlte Model auf den Teig drücken und die Guetsli mit einem Messer ausschneiden. Auf ein leicht bebuttertes Blech legen (kein Backpapier verwenden) und bei Raumtemperatur 24–48 Stunden trocknen lassen.

Die Vanilleguetsli in der unteren Hälfte des auf 150 Grad vorgeheizten Ofens 15–20 Minuten backen. Die Ofentür evtl. mit einem Holzkellenstiel leicht offen halten.

Aufläufe

SCHOKOLADEAUFLAUF

Für 10 Förmchen von ca. 1 dl Inhalt
Butter und Griess für die Förmchen

100 g dunkle Schokolade, gerieben
25 g Butter, weich
2 EL Mehl oder Maisstärke
3 dl Milch
6 Eigelb
100 g Zucker
6 Eiweiss, steif geschlagen

Schokolade mit Butter in eine Pfanne geben und verrühren. Mehl oder Maisstärke mit Milch anrühren und dazugeben. Unter ständigem Rühren aufkochen. Von der Herdplatte nehmen und unter mehrmaligem Rühren auskühlen lassen.

Eigelb und Zucker darunter rühren. Eischnee sorgfältig darunter ziehen.

Förmchen ausbuttern und mit Griess ausstreuen. Die Masse hineinfüllen und in der unteren Hälfte des auf 180 Grad vorgeheizten Ofens ca. 25 Minuten backen.

Den Schokoladeauflauf heiss servieren.

MANDELAUFLAUF MIT WEINBEEREN

Für 1 Auflaufform von 1,5 l Inhalt
Butter für die Form

1 Weggli, zerzupft
1 dl Milch, lauwarm
4 Eier
175 g Zucker
150 g ungeschälte Mandeln, gehackt
125 g Weinbeeren
125 g Sultaninen

Hagelzucker zum Bestreuen

Weggli in Milch 10 Minuten einweichen. Dann abgiessen und ausdrücken.

Eier verrühren. Zucker dazugeben und rühren, bis die Masse hell ist. Weggli, Mandeln, Weinbeeren und Sultaninen darunter mischen.

Form ausbuttern. Die Masse hineinfüllen und in der unteren Hälfte des auf 180 Grad vorgeheizten Ofens 35–40 Minuten backen.

Den noch heissen Auflauf mit Hagelzucker bestreuen und warm oder ausgekühlt servieren.

gestrichen, der Schnee von 3 Eiweiss
mit Zucker vermischt, mit längl.
geschnittenen Mandeln bestreut u.
noch einen Augenblick in den
Ofen, bis er hellgelb ist. ——

Kirschenkuchen (Klötzer)

1/4 ℔ Butter wird leicht gerührt,
dann kommen nach & nach 5 Eigelb
hinein, 1/4 ℔ ungeschälte Mandeln
Zucker, Nelken & Zimt nach Gut-
dünken. Dies alles rührt man
eine gute 1/4 Stunde, dann werden
5 Weggli abgerieben, in Milch oder
Wein eingeweicht. Wenn sie weich
sind, gut ausgedrückt, u. tüchtig
mit der Masse verrührt. Zuletzt der
Schnee der 5 Eiweiss u. cc 1 Kilb Kirschen
frische oder eingemachte mit d. Steinen
In eine Form gefüllt u. langs. gebacken
3/4 – 1 Stunde.

KIRSCHKÜCHLEIN

Für 4 Tassen oder Förmchen von ca. 2,5 dl Inhalt
Butter für die Tassen oder Förmchen

3 Weggli, zerzupft
1,8 dl Weisswein oder Milch
75 g Butter, weich
90 g Zucker
3 Eigelb
75 g gemahlene Mandeln
$^1/_2$ TL Zimtpulver
1 Msp. Gewürznelkenpulver
600 g frische Kirschen, evtl. entsteint, oder Kirschen in Sirup
3 Eiweiss, steif geschlagen

Weggli in Wein oder Milch ca. 15 Minuten einweichen. Dann abgiessen und gut ausdrücken.

Butter rühren, bis sich Spitzchen bilden. Zucker mit Eigelb dazugeben und rühren, bis die Masse hell ist. Weggli, Mandeln, Gewürze und Kirschen darunter mischen. Eischnee sorgfältig darunter ziehen.

Tassen oder Förmchen ausbuttern. Die Masse hineinfüllen und in der unteren Hälfte des auf 180 Grad vorgeheizten Ofens 25–30 Minuten backen.

Die Kirschküchlein heiss servieren.

Vanilleauflauf

Für 6 Förmchen von ca. 1,5 dl Inhalt
Butter für die Förmchen

1,8 dl Milch oder Halbrahm
1 Vanillestängel, ausgeschabtes Mark und Stängel
40 g Butter
75 g Mehl
40 g Zucker
3 Eigelb
3 Eiweiss, steif geschlagen

Puderzucker zum Bestäuben

Milch oder Rahm mit Vanillemark und -stängel in eine Pfanne geben, aufkochen und ca. 8 Minuten köcheln.

Butter dazugeben und schmelzen lassen. Mehl im Sturz beifügen und unter ständigem Rühren bei mittlerer Hitze abdämpfen, bis sich ein Teigkloss bildet, der sich vom Pfannenboden löst. Leicht auskühlen lassen und den Vanillestängel entfernen.

Zucker und Eigelb darunter rühren. Eischnee sorgfältig darunter ziehen.

Förmchen ausbuttern. Die Masse hineinfüllen und in der unteren Hälfte des auf 200 Grad vorgeheizten Ofens 20–25 Minuten backen.

Den Vanilleauflauf mit Puderzucker bestäuben und sofort servieren.

KUCHEN MIT ALLERHAND OBST

Für 6 Personen

1 Auflaufform von ca. 2 l Inhalt
Butter und Griess für die Form

3 Weggli oder Brötchen, zerzupft
3,5 dl Milch, siedend heiss
90 g Butter, weich
100 g Zucker
3 Eigelb
90 g geschälte Mandeln, gemahlen
3/4 TL Zimtpulver
800 g Aprikosen oder Zwetschgen, entsteint, in Schnitze geschnitten
3 Eiweiss, steif geschlagen

2 EL Zucker

Weggli oder Brötchen in Milch 10–15 Minuten einweichen. Dann abgiessen und gut ausdrücken.

Butter rühren, bis sich Spitzchen bilden. Zucker mit Eigelb dazugeben und rühren, bis die Masse hell ist. Brot, Mandeln, Zimt und Früchte darunter mischen. Eischnee sorgfältig darunter ziehen.

Form ausbuttern und mit Griess ausstreuen. Die Masse hineinfüllen und in der unteren Hälfte des auf 180 Grad vorgeheizten Ofens ca. 45 Minuten backen.

Den Obstauflauf mit Zucker bestreuen und warm servieren.

Variante: Andere Früchte wie Pflaumen, Kirschen, Mirabellen oder Johannisbeeren verwenden. Bei Johannisbeeren 125–150 g Zucker nehmen.

Die Neuauflage von «Heidi»

Johanna Spyri
Heidi
Neuauflage der Silva-Ausgabe
mit Bildern von Martha Pfannenschmid
234 Seiten, 241 farbige Abbildungen
gebunden mit Schutzumschlag, in Schuber

Generationen von Schweizer Kindern und heute Erwachsenen sind die Silva-Bände von Johanna Spyris «Heidi» ein Begriff. Unvergessen die Sonntagnachmittage, wenn sich die ganze Familie um den Stubentisch versammelt anschickte, Silva-Bildli einzukleben – das sehnlich erwartete Resultat eifrigen Punkte-Sammelns. Die Neuauflage der längst vergriffenen «Heidi»-Bände von Silva erfolgt zu Johanna Spyris 100. Todestag am 7. Juli 2001. In lebhafter Erinnerung geblieben sind insbesondere auch die Aquarelle der Basler Malerin Martha Pfannenschmid (1900–1999), die es verstanden hat, das echte Heidi aus Johanna Spyris Zeiten wieder zum Leben zu erwecken.

WERDVERLAG

www.werdverlag.ch